Du malheur de trop penser à soi

Du même auteur

BRÈVES NOUVELLES DU MONDE
Calligrammes, 1986

VARIATIONS SUR LE RÉEL
Calligrammes, 1988

HISTOIRE DE L'ILLUSION
José Corti, 1993

DE LA CONNERIE
José Corti, 1994

DU MALHEUR DE TROP PENSER À SOI
José Corti, 1995

LE GÉNIE À L'USAGE
DE CEUX QUI N'EN ONT PAS
José Corti, 1996

TOUT M'ÉNERVE
José Corti, 1997

POUR LES YEUX DE JULIE
José Corti, 1998

PETIT TRAITÉ À L'USAGE DE CEUX
QUI VEULENT TOUJOURS AVOIR RAISON
José Corti, 1999

Georges Picard

Du malheur de trop penser à soi

2e tirage

RIEN DE COMMUN

José Corti

Le programme des parutions et le catalogue général sont envoyés sur simple demande adressée à :

LIBRAIRIE JOSÉ CORTI, 11 RUE DE MÉDICIS, 75006 PARIS

ISBN 2-7143-0552-0
N° d'édition : 1525

Je reçois une lettre de Martinu :

Cher vieux camarade. Le croiras-tu, j'ai failli me marier. Bien sûr que tu le croiras, puisque failli annonce faillite. C'était une femme plus jeune que moi. Peu belle. Elle m'a dit qu'elle voulait se charger de mes intérêts (elle l'a dit !). Comment aurais-je dû l'entendre ? Au matériel, je n'ai rien à défendre, tu le sais. Quant à la paix de mon âme, paix à cette paix qui contrarierait trop ouvertement ma rage, seul réflexe que je m'obstine à cultiver dans la jachère de mon existence de paumé. Je tiens à garder mes crocs intacts. L'amour est un émollient dangereux pour les hargneux de mon espèce. L'amitié, à la rigueur... Mais j'ai surtout besoin d'ennemis.

Le mariage ne s'est donc pas fait ; j'y perds un beau divorce. Si la postérité avait à s'occuper de moi, sois sûr qu'elle mettrait à mon bénéfice je ne sais quelle fidélité à la mémoire de ma première femme car, quoi qu'on en dise, la postérité est souvent très bête. Il faut être soi-même démonstrativement crétin pour prendre ses jugements au sérieux. Tout ça n'est que fausse monnaie, forfaiture de mémoire. Je hais l'Histoire et cette sorte d'académie sournoise des contemporains qui se mêle de peser après coup la valeur des événements. Je méprise les biographes. Je crache sur les archivistes, sur les archéologues, sur tous ces embaumeurs qui transforment le passé en jeu de Monopoly.

Voilà un peu d'encre méchante, tu ne t'en effaroucheras pas. Je n'écris jamais. Depuis que nous nous sommes vus –, je n'ai pas mesuré le temps, mais il m'a paru long – je ne parle plus souvent, sinon à moi-même, mais est-ce parler ? Je pense quand je le peux. Heureusement, je rajeunis. Mes cheveux repoussent (confirme-moi si c'est possible). Je n'ai plus mal aux dents. Je me suis même remis à lire ! Un roman policier auquel je n'ai rien compris, ce qui en fait l'intérêt principal à mes yeux. Je me méfie des histoires limpides, alors que la vie n'est qu'un pot au noir. Que dirais-tu d'un pêcheur qui sortirait un poisson sec de l'étang ? Les écrivains que l'on comprend, on ne les comprend que trop bien.

Ce que je fais de mon temps ? Je le gaspille. Je ne compte pas les jours qui passent, les heures non plus. Seules m'intéressent les années, parce qu'elles s'offrent naturellement au filtrage d'une mémoire paresseuse, et les secondes, parce qu'elles ressemblent à des petits cailloux semés pour me permettre de suivre mon chemin. J'ai ainsi l'impression d'aller quelque part (ce qui ne laisse pas d'être rassurant). Mais si tu me saisissais par le nœud de ma cravate en me sommant d'être sincère, je ne mettrais pas longtemps à admettre que l'espoir n'est, chez moi, qu'une coquetterie. Je le pique à ma boutonnière pour éviter de déplaire. N'y vois aucun reniement : j'ai simplement le souci de ma tranquillité. D'ailleurs, la véritable originalité ne se montre pas.

Peut-être voudrais-tu quelques détails ? Je te parle de ma cravate, c'est la preuve que je me suis civilisé. Je suis habillé correctement – plus de grande capote vague qui me faisait ressembler à un troufion de 14-18, plus de chapeau au bord élimé et aux reflets douteux. Une occasion de vérifier que l'habit fait la philosophie. Désormais, on s'adresse à moi poliment. Je rends les politesses. Je deviens bonhomme et suave. Bientôt, je serai optimiste, altruiste, pourquoi pas saint-simonien. On peut tout craindre dès que l'on change de vestiaire.

Moins irritable qu'auparavant, c'est sûr. Je ne me bats plus. Certains en profitent pour me regarder sous le nez. Je fais semblant de ne pas voir. Il m'arrive de préférer être lâche plutôt que belliqueux. Me civiliserais-je vraiment ?

Figure-toi que cette sorte de lâcheté, qui pourrait ressembler de loin à de la sagesse désabusée, a fini un certain temps par m'être douce. Elle dénonce en moi un trait que je ne soupçonnais pas. Une sorte de mollesse, de penchant pour la facilité. Je m'en étonne, je m'en irrite mais, deux heures plus tard, je me laisse de nouveau porter par le courant. Ma réserve de mépris semble s'être vidée subitement, au point que je me demande si ce que j'appelais hier mépris n'était pas simplement un vilain petit goût d'insatisfaction passagère, une humeur plutôt qu'une morale. Tout ça est bien abstrait. Oui. Mais je le suis moi-même d'une certaine façon, à cause de mon mode de vie qui me tient éloigné des lieux les plus fréquentés. Je suis toujours aussi infréquentable. La solitude désincruste de moi ces scories de la mémoire qui permettent habituellement aux hommes de se reconnaître comme semblables autour de quelques souvenirs communs. Moi, je n'ai rien à faire entendre. Je ne peux même pas raconter les histoires des autres, puisque je ne les connais pas. Or, que vaut aujourd'hui quelqu'un qui n'a pas d'histoires ?

Il m'est venu l'idée de mieux m'organiser. Pourquoi, puisque je ne fais rien, que marcher, rêvasser, réfléchir à des sottises ? Supposons quand même que je mette dans ce rien un peu d'organisation. Cela me fournirait un cadre. Oui, je crois que je pourrais faire quelque chose de ça – quant à te dire quoi exactement...

Tu sais si j'aimais le viandox. Eh bien, on n'en sert presque plus. Moi qui en buvais plusieurs tasses par jour, fini, je suis contraint au sevrage à cause de la désaffection des cafetiers pour une boisson qui, au fond, n'était pas pire que les autres. L'arrachement à ce petit plaisir, devenu avec le temps presque une hygiène, me gâte l'envie d'aller m'asseoir interminablement à une table, les pieds dans la sciure, tout en sentant sur mon crâne les regards navrés des consommateurs. J'y vais encore parfois, au bistrot. Je commande un café que je laisse refroidir. L'autre jour, le patron m'a demandé si je ne le trouvais pas bon. Je n'aime pas le café, ai-je répondu.

Je pourrais avoir honte de t'écrire de pareilles inepties. Eh bien non, puisque ma vie, c'est ça.

Incroyable comme ce dépôt d'encre qu'on appelle écriture peut parfois réduire à rien ce qui n'était déjà pas grand-chose. Tu remarqueras que ce petit mot *rien* revient facilement sous ma plume. Tu en concluras ce que tu voudras.

J'ai l'œil irrité de voir l'animal-machine qui est en nous prendre le meilleur sur le reste. Je crains que la plupart ne soient déjà en état de mécanisation. Ce qui pèse, ce qui répète, ce qui simplifie et fonctionnalise marginalise la vraie vitalité. Chez certains, la morbidification est incroyablement avancée. Quatre-vingt dix pour cent de la population. Autant dire l'Homme. Comment peut-on l'aimer ? Voici pourquoi il faut se retirer : pour ne plus se voir dans ses semblables. Au moins, le moi solitaire est-il fondu dans la masse de ses perceptions quotidiennes. Il s'y cache parfois suffisamment bien pour ne pas révéler son groin. Ainsi échappe-t-on au dégoût de soi par le dégoût des autres. Belle hypocrisie, au demeurant...

Ah ça !, vas-tu penser, le petit père Martinu me le fait au désenchantement, ce caviar philosophique des ratés. Ami à moi, crains en effet le pire de ce côté-là. Je déchante, ah oui, je déchante ! Rien ne se passe comme je le souhaiterais. La vie n'est vraiment pas une œuvre d'art.

J'ai rencontré un poète il y a quelques jours. Tu me diras, un poète... La sorte de chose qu'il écrit en vaut sans doute bien d'autres. C'est doux, c'est niais, c'est une interminable mystification dont il semble être la première dupe. Je me suis bien gardé de le lui dire (vois comme j'ai changé !). Au contraire, j'ai hoché la tête mélancoliquement, je crois que cela lui a plu. Voilà où nous en sommes. Il n'est plus possible de dire la vérité sur rien.

J'ai fait un saut dehors. Il y a de beaux nuages dans le ciel, d'un gris légèrement bleu.

Tu te rappelleras que je n'aimais pas la nature. Je la trouvais, comment dire, trop surchargée. Tout ce bleu, tout ce vert, pouah !.. Eh bien, cette répulsion est en train de passer. Je me surprends à admirer les feuilles des arbres. Certaines nuits, je rêve de chlorophylle, de nervures, de larves d'insectes...

Ce qui pourrait me rapprocher de ce que l'on nomme ordinairement la société, ce serait la compagnie de quelques camarades comme toi, d'une poignée d'esprits blindés sur mon compte, ayant fait le tour et le détour de mes manies, ce qui les dispenserait de poser sur ton serviteur de gros yeux sottement étonnés. Quelle fatigue engendre l'obligation de se justifier pour des choses qu'on ne comprend pas soi-même ! Oui, quel ennui... Guère mieux, la ridicule nécessité de demander à autrui des éclaircissements sur la conduite à tenir pour avoir l'air sociable. Si je dois parler ou me taire, approuver hypocritement ou exprimer ma désapprobation. Et combien de questions aussi sottes, bien qu'inévitables... J'ai choisi de me dispenser de les poser. Je me suis condamné à l'indifférence. Rideau sur le pauvre Martinu.

Ces lignes, pourtant. Prends-les comme une manifestation de lassitude après tant d'années passées à courir seul les campagnes et les villes. Elles sont mon banc de repos. Le silence, dont je pensais grand bien naguère, n'est qu'un interminable désastre. L'ennui ne peut pas être une solution.

Pourrais-je tirer quelque chose de bon de cet état revendiqué de nonchalance ? Il est sûr qu'à ce petit jeu, on finit par se fabriquer une idée biaisée de l'existence. Rude tâche, quand il s'agit ensuite de s'en débarrasser. Car les idées, au fond, n'ont jamais d'autre destin. Et celles qui concernent la vie, plus que les autres...

Encore dois-je me garder de trouver dans mon dégoût quelque motif secret de supériorité. Je serais blessé qu'il en soit ainsi. Quel triste sire, ce Martinu, qui cuverait indéfiniment ses aigreurs ! Dis-moi que je m'égare, que je brouille tout. Que je suis victime de mon impatience à mettre le doigt sur la plaie. Par ce mot, tu peux voir qu'il m'arrive aussi de souffrir, bien que ce soit d'une douleur atténuée et sans conséquence durable.

Je m'amuse aussi beaucoup. Parfois jusqu'au fou rire.

La méfiance reste mon unique sauvegarde. Hypersensibilité. Mais le plus souvent, je la retourne contre moi, simple réflexe de prudence, le pire pouvant survenir du côté où l'on ne l'attend pas. C'est l'instant où je suis censé exposer mon talon d'Achille. Très limité, le risque. Mais il suffit d'en envisager la possibilité pour se gâter définitivement le moral et jusqu'au plaisir de l'hypocondrie.

Cependant, rien de moins fade qu'une journée de solitaire, même peu porté à la contemplation. J'aime l'action (qui peut se concevoir sans remuer le petit doigt). Comme les paresseux, je me sens puissant de mon impuissance. C'est que le monde m'intéresse plus que les gens. Son impassibilité me séduit. Son objectivité me rassure. Un objet n'a rien à te dire. Mais ne me parle pas de repos. Car il faut se débrouiller avec ce rien, ce qui n'est pas rien.

Comment passer une heure suivie avec soi-même sans se sentir gagné par un engourdissement, une sorte de lente mais irrémédiable fatigue ?

Ne va pas croire que je me sois assombri depuis notre dernière rencontre. Il y a des choses qui pèsent et d'autres qui cherchent à m'entraîner. Mais une certaine volatilité de conscience m'a toujours permis d'échapper au pire. Mes scrupules manquent de champ.

Bien sûr, qu'il m'arrive de mettre le nez dehors. De humer ce que tu appellerais l'air du temps. (La langue du temps me fait défaut, comme ses tics. Etonne-toi qu'il me soit difficile de me civiliser.)

A quoi bon entreprendre ?

J'ai réfléchi à l'immobilité. Il est clair qu'elle est l'état limite vers lequel tend la vitesse. Si les actifs prenaient conscience de cela, ils décrocheraient certainement. Je crois tenir là une idée importante.

Je marche beaucoup, énormément, parfois j'ai l'impression de marcher tout le temps. Il m'en vient des ampoules aux pieds et une grande allégresse. La marche forcenée est une désintoxication salubre, ne me demande pas exactement pourquoi ; je suis cependant sûr qu'elle compense favorablement ma lourdeur d'être.

Tu le vois, ton ami Martinu est un rêveur. Comme les mouches affolées, il cherche un trou par où se faufiler. Le passage existe-t-il ? Le suicide, quel passage emprunté, massivement piétiné ! Il y a longtemps que l'herbe sacrée n'y pousse plus. C'est un passage vierge qui ferait mon affaire.

Ces remarques nerveuses te feront-elles comprendre dans quelle direction s'oriente mon inquiétude ? Ce serait un peu fort ! Je n'en ai qu'une idée approximative moi-même, bien que toutes mes pensées semblent attirées par un même pôle. Je conçois cette aspiration comme une forme d'équilibre instable, mais d'équilibre quand même. Je suis un type tendu qui ne sait pas vers quoi.

Je garde néanmoins bonne apparence. Il m'arrive de travailler et, parfois, de gagner de l'argent (rare). Dernièrement, j'ai servi d'intermédiaire dans une affaire douteuse. En échange, j'ai touché un gros paquet de billets, plus que ce que j'en ai vu de ma vie (ce qui m'a fait comprendre le sens littéral d'une formule que je croyais métaphorique : un matelas de billets. Je les transporte, en effet, sur moi, calés contre mes reins, sans les utiliser.)

Les liens d'affection ? Ma sensibilité est plutôt répulsive ; elle s'exerce à rebours. Assez comparable en cela au fonctionnement de mon esprit. Ainsi, s'il m'est arrivé d'aimer, il y a longtemps, c'était par désenchantement. Il y eut du malheur dans cet amour. Je t'en parle sans pudeur, parce qu'il concerne un avatar de moi-même depuis longtemps abandonné. (Cela pour répondre par avance à ta curiosité, car j'ai gardé le souvenir d'un camarade continuellement sur la brèche, à me bombarder de questions, que j'esquivais parfois habilement.)

Tu me reprochais, je m'en souviens, de rester barricadé en moi-même, à faire le coup de feu contre le monde entier. Il en va toujours ainsi, tu peux le constater. Pourtant, ce n'est pas tant contre le monde que je m'insurge que contre ma propre incapacité à trouver des justifications à sa partialité. Les valeurs qu'il honore sont méprisables. Les hommes sont idiots, les sociétés cruelles. Je ne parviens pas à m'accommoder de cette terrifiante banalité. Voilà ma gangrène.

Je veux que tu saches que mon ressentiment n'a rien de mesquin. Il est le produit désolant mais logique d'une interminable méprise. Je n'ai jamais réellement compris comment se combinaient les lois qui règlent des événements que tout le monde a l'air de trouver justifiés et nécessaires. Lorsque je lis les journaux, je perds courage. On voudrait se moquer de moi qu'on ne s'y prendrait pas autrement. Le sens que je dégage laborieusement de ce fatras m'inciterait à penser que je suis victime d'un canular. Pourtant, autour de moi, on ne prend pas les choses à la rigolade. On les prend même tellement au sérieux que je suis obligé de conclure en ma défaveur. Un homme seul ne peut pas avoir raison contre tous. C'est ainsi que j'ai découvert que je souffrais d'une espèce de maladie de l'adaptation. Au moins me suis-je adapté à ma maladie. Quant à la santé, je n'ai jamais su ce que cela voulait dire.

Toi qui es féru de logique, tu reconnaîtras que mon originalité ne va pas jusqu'à se passer totalement de cohérence. La folie non plus, penseras-tu, n'est pas dénuée de principes. Certaines formes de maniaqueries morbides poussent même très loin le formalisme. Je suis obligé de l'admettre. Mais c'est priver ma bizarrerie d'un argument qui aurait pu jouer en sa faveur.

Ton copain Martinu ressemble à un insomniaque agacé par cent pensées inutiles. J'attends avec impatience le jour en espérant, sans y croire, que les fantômes de mes obsessions déguerpiront devant un regain de lucidité.

Voilà un terrible mot : lucidité. Il vient de lumière (comme si la lumière n'aveuglait pas). C'est l'épreuve positive - et parfois terrifiante - que chacun souhaite tirer de sa propre opacité. J'ai fini par estimer qu'en ce qui me concerne, il n'y avait rien à en attendre de bon. Mes embarras, mes contradictions, toute la machinerie déréglée de mon esprit, son espèce de spongiosité aberrante qui lui fait absorber au petit bonheur tout et n'importe quoi sans le filtrage de ce que tu appellerais le bon sens ou la circonspection, ou tout simplement la prudence, je ne conçois pas de les soumettre à l'équarrissage de la raison qui me réduirait ça au calibre d'une banale psychopathie. C'est que je tiens à ma constitution mentale comme l'ivrogne tient à son vice. Décervelé, nul, rayé si l'on m'en privait.

En somme, inguérissablement porté à la ruade. Je suis quelqu'un qui vit de ses nerfs, tout en anxiété et en paradoxes. Tout en fatigue. A ce régime, je me suis d'abord fait beaucoup d'ennemis. Puis ils se sont lassés, et je me suis fait beaucoup d'indifférents. Le seul privilège qui me resterait, ce serait de pouvoir contempler, du haut de mon exaltation, la vaste plaine des nullités. Faux privilège. Cette prétendue supériorité est un ridicule. J'y reconnais un travers de l'époque, qui consiste à rester sur la touche par crainte de se faire battre au jeu. La marginalité est devenue l'alibi des imbéciles. Je ne veux pas de cette consolation.

Me voici subitement, le stylo entre deux phrases, à me demander si j'ai la moindre chance de te faire comprendre – oui, même à toi – la vraie nature de mon exaspération. La violence que je mets dans mes refus, je sais bien qu'elle est impuissance. Ne pouvant la réduire, je l'enrobe, je l'étouffe sous une bourre de philosophie. Une relative sérénité adoucit mon apparence. Mais comme ces pois sauteurs agités de l'intérieur par des larves d'insectes, je suis parfois sujet à des soubresauts cocasses. C'est que l'économie des humeurs est une chose fragile et contradictoire. La pire violence n'est pas forcément loin de la plus complète des résignations (et vice versa). J'en fais régulièrement l'expérience.

Régulièrement, adverbe lourd comme une dalle de marbre. J'ai toujours eu la tentation de faire l'irrégulier. L'ange du bizarre. Le démon plutôt. Me surprendre. N'être jamais là où l'on m'attend. Me jouer des autres et de moi-même. Gaminerie. L'inverse ne vaut guère mieux.

Si mes actes s'additionnaient, j'imagine que le total n'aurait rien d'astronomique. Mais enfin, ce serait une consolation de se dire que ce petit tas d'événements obéit à une arithmétique, que chaque volonté, chaque décision contient son pesant de nécessité. Evidemment, je n'en crois rien. Sans vouloir jouer au philosophe, je me résigne à penser qu'il y a plus d'arbitraire que de logique dans tout cela. Ne prends pas la peine de me contredire.

Tu verras sans doute dans ces affirmations l'effet déplorable d'un manque d'emploi du temps. C'est vrai, vivre sans horaires revient à vivre sans principes. L'absence de principes entraîne presque automatiquement une surévaluation du rôle du hasard et un dénigrement (intéressé) de la notion de nécessité au profit de celle de fatalité. Où l'on voit que le dernier mot revient toujours à la morale de nos grands-pères, selon laquelle toute valeur doit s'incarner dans un mode de vie. Vivant sans obligations, je réfléchis sans contraintes. Très fatigant, à la longue. Très stérile.

Mais pas triste. Anxieux, oui, avec de furieuses pointes de gaîté. La plupart des gens me font rire. Observe-les, et tu comprendras. Il faudrait surtout pouvoir se regarder soi-même, chose impossible, qui nous prive du meilleur.

Si j'étais romancier, voici ce que je ferais. Chaque jour de la semaine, j'irais m'asseoir sur un banc public, de préférence en un lieu de passage. Lundi, j'accorderais tout à la vision, à l'exclusion des autres sens. Un crayon, un carnet de croquis. Mardi, je resterais assis, les yeux fermés et les oreilles grandes ouvertes, un magnétophone sur les genoux. Mercredi serait le jour de l'odorat, jeudi celui du toucher, vendredi donnerait la priorité au goût. Le week-end ne serait pas de trop pour détecter et corriger les inévitables effets parasites de l'imagination sur la pure perception sensorielle. Ces matériaux, je les utiliserais ensuite à ma convenance pour écrire un livre sans psychologie. Bon, je te vois faire la moue. Rassure-toi, je ne serai jamais romancier, les histoires me dégoûtent.

Au demeurant, rien de moins neuf que ces états de conscience qui s'enchaînent et brodent des figures anarchiques selon un canevas inconnu. Ce mot canevas, je sais que tu le récuserais. C'est que tu es plus jeune que moi et plus engagé dans la vie sociale, deux raisons suffisantes – la jeunesse et l'action – pour considérer toute forme de passivité comme un indice honteux de démission. Tout sacrifier à ses sensations, comble du jobardisme. Il y a du vrai dans cette pointe, je le dis sans ironie. Et il y a aussi beaucoup de faux, je le dis sans prétention. Pour le vrai, on peut me regarder. Pour le faux, voir les philosophes chinois, qui ont su parler comme personne de l'efficace propre à l'inaction. Je ne te crois pas trop préparé à les lire, aucune importance. Moi-même, j'en ai gardé un souvenir aussi peu intellectuel que possible. Tous leurs paradoxes se résument, dans ma mémoire, à l'image d'un vieillard faisant des farces à ses disciples sur fond de soleil couchant.

Je reprends le stylo que j'ai laissé un instant pour faire bouillir l'eau de mon café. Je loge actuellement dans une maison abandonnée, privée d'électricité et d'eau courante (je m'alimente à la pompe du village). Un voisin m'a prêté un réchaud à gaz. J'ai acheté une lampe de camping. Ma situation matérielle n'est pas mauvaise ; comme je te l'ai dit, je porte une petite fortune sur moi. Le soleil passe difficilement par les fenêtres de la pièce principale, vitrées de gros carreaux jaunâtres. Des oiseaux ont installé leur nid dans la cheminée, impossible d'y faire du feu pour le moment. En fouillant dans les tiroirs des vieux meubles qui s'empoussièrent dans les deux chambres du premier étage, j'ai trouvé des anciens prospectus de publicité pharmaceutique. Tout ça dégage une odeur de charbon et d'humidité.

Côté pratique, tout s'agence donc à merveille. Mais j'admets ne pas savoir sur quel pied danser lorsque je me lève le matin. Se lever, se laver. Boire un café, parfois manger un croissant. Marcher pour occuper l'espace. Marcher encore pour ne pas rester couché. Etc. Le pire (façon de parler), c'est que je n'envie le sort de personne. Et qu'il m'arrive de penser qu'il n'y a pas d'état plus intéressant que celui qui consiste à n'en avoir aucun. C'est prendre la vie à cru sans les prétextes habituels censés lui donner bonne apparence. N'avoir rien à faire n'est pas une affaire. Sorte d'état aussi, bien que moins avouable. Le présent se fait impérieux. Tout se réduit aux dimensions bornées d'une conscience minuscule. Joli tableau, qui ressemble à une réclame. Mais chacun n'est-il pas le commis-voyageur de ses illusions ?

D'ailleurs, je ne crois pas aux tranches de vie. Décrire ne prouve rien. Reconstituer non plus. Le tracé d'une existence relie des points rétrospectifs. C'est le terme qui décide du parcours : et voilà ce qu'on appelle destin.

Que reste-t-il pour juger ? Grande question. Impossible de s'abstenir de jugement. On ne peut pas accepter que l'homme passe son temps à imiter le vol du bourdon. Il a la volonté pour lui et, en principe, l'intelligence. Voire la morale. Cela fait assez pour qu'on puisse, finalement, lui demander des comptes.

Se donner des règles, oui. C'est le côté le plus sympathiquement théâtral de l'existence. Etonnante, la force de l'autodiscipline quand elle n'a pas d'autre objet qu'elle-même. Les vertus de l'autodiscipline sont innombrables. La première est de tracer des frontières aux pensées ennemies. Chacun a besoin d'un catéchisme personnel. On peut s'en passer à la force de l'âme, mais j'en connais peu qui aient réussi.

Le balancier de la lourde horloge qui trône au salon, en face de la cheminée, m'oppose son mouvement obstinément négateur. Cette horloge fonctionne par intermittence. Elle se réveille souvent la nuit pour lancer son appel sinistre. Je la remonte tous les matins sans illusion.

C'est aussi sans illusion que j'écris cette lettre brouillonne à un ami incertain. Sait-on pourquoi l'on s'obstine ? Pur triomphe de la règle consentie. Etre résolu n'est pourtant pas d'un grand mérite, c'est précipiter le mouvement en croyant le conduire. L'histoire est pleine de gens trop tôt arrivés. Chef-d'œuvre de l'harmonie préétablie ou beauté des coïncidences, la volonté sait tendre ses pièges. Elle conduit chacun au point précis qu'il aurait dû atteindre. Je me demande si mon irrésolution n'est pas une tactique inconsciente visant à déstabiliser ce trop clair artifice.

Au demeurant, la volonté de me tenir à l'écart n'a rien de définitif. Le désert n'est pas ma patrie. Mais je joue de ma solitude comme d'un arc pour envoyer jusqu'à toi quelques vagues idées, le mot est d'ailleurs un peu fort. Voilà longtemps que j'observe que mes idées se tournent mutuellement le dos comme pour éviter la confrontation. Elles préfèrent s'ignorer. Rien de plus délicat que cette coexistence mal assumée. Que deviendrais-je en cas d'affrontement ? Je préfère laisser chacune vivre sa vie et mourir de sa belle mort. Je ne m'épuise jamais à avoir raison, même pas contre moi-même. C'est un soulagement.

Pourtant, penser contre soi est une belle chose, comme disait je ne sais plus quel grand esprit. Il n'y a pas d'autre voie pour échapper aux mirages de l'individualisme. Je le crois. Mais cette idée, je la tiens en réserve pour mes mauvais jours. Trop bonne pour être tentée trop tôt. Je romprai avec moi plus tard, quand la vérité m'importera plus que mon obstination à tenir mes pensées à l'écart.

Le compromis est toujours possible. Tu te doutes que je n'ai rien d'un anachorète. J'aime le mouvement, le bruit, la confusion. La ville m'a toujours plus attiré que la campagne. Les rencontres qu'on y fait ne sont pas préjudiciables à l'exercice d'une saine morosité. On peut y être raisonnablement misanthrope. Tant qu'on ne me marche pas sur les pieds, j'ai bonne opinion du genre humain. En fait, je n'ai pas d'opinion du tout, mais ne coupons pas les cheveux en quatre, je suis capable de brèves sociabilités. L'autre jour, j'ai bu un verre avec un homme que je ne connaissais pas. Il avait l'air sympathique, bien que passablement décati. Nous avons échangé quelques phrases. C'est moi qui ai payé.

Ce qu'on peut fonder sur de telles rencontres, tu t'en doutes. Chaque homme particulier est un peu l'homme en général. Cela est d'autant plus vrai pour moi, qui fréquente rarement mes semblables. D'où l'idée à la fois étroite et universelle que je m'en fais. En réfléchissant, il est possible qu'il en soit de même pour tout le monde. Oui, nos idées les plus abstraites ne sont que des sublimations d'anecdotes. Notre tempérament dégrade notre pensée. Fatale prééminence du système nerveux sur la faculté d'abstraction. Voilà le genre de réflexion qui me décourage. Il y a des vérités trop près desquelles il vaut mieux ne pas se tenir.

Tu vois où j'en suis. Rien ne me paraît pouvoir résister à cette inclination à tout noircir qui est une façon extrémiste de voir les choses. Néanmoins, au pessimisme près, c'est le bon angle. Je veux dire que le pessimisme est ici de trop. Il faut se discipliner à penser le pire calmement, sans en tirer d'aigreur ni de théorie. Sans se laisser aller à croire que les choses finiront par s'arranger – elles ne s'arrangent jamais. La sagesse populaire qui prétend le contraire ne voit pas assez loin. Si l'on vise le terme, l'on comprend que l'enchaînement des causes et des conséquences humaines n'est que la plate expression d'un désir de s'éterniser dans l'illusion. Si cela n'aide guère à vivre, cela aide beaucoup à penser. L'idée du pire est un puissant stimulant pour ceux qui sont capables de la supporter.

Cet extrémisme, je te rassure, n'exclut pas l'amitié. Tu me diras que d'un esprit à l'autre, la distance est toujours trop grande. L 'amitié pourrait n'être qu'un exotisme sans lendemain. A écoper cette barque percée, on se surprend à espérer une impossible transparence, le souffle d'air qui balaierait les miasmes d'une intimité repue de ses propres fantasmes. (Le lyrisme sied bien à l'amitié, ce sentiment lyrique par excellence.) Si tu me permets d'en conserver entre nous ne serait-ce que la saine illusion, il me semble que bien des choses deviendront plus faciles. Car rien n'est déprimant comme ce face à face avec soi où les mêmes pensées, à force de rebondir, finissent par se décharner jusqu'à la caricature. Maladroites et anguleuses épures, capables de blesser au sang une solitude privée d'issue.

Bien entendu, je ne veux te convaincre de rien. Je jette comme des dés les idées qui me traversent l'esprit sans prendre la peine de les aligner au cordeau. Je ne crois pas à l'ordre de ces sortes d'idées-là. Je crois au désordre et à la malignité de ce qui se prétend profond en nous. S'il y a organisation, c'est que nous y avons mis un peu la main.

Finalement, pas de contestation possible. Et à l'encontre de qui ? De soi ? On ne choisit à peu près rien de ce qui est important. La liberté n'est pas une affaire de choix, c'est une question de goût. Elle ne se discute pas. La liberté de mon voisin est mon esclavage et réciproquement. Je suppose que ce sophisme, fatal à la morale, répugne à ton besoin de solidarité. Je t'ai connu compréhensif et miséricordieux. Mes paradoxes ne doivent pas te faire sourire.

Qu'importe. Tout cela – mes révulsions, les coups de grisou de mon humeur – ne vaut peut-être pas le quart de l'intérêt que tu y portes. Ce n'est, de ma part, qu'un orage sec. Un peu d'électricité statique, ce qui reste de piquant chez ton ami Martinu, qui se noierait dans le silence si le silence n'était pas, à sa façon, une manière d'hypocrisie.

Je m'arrange donc avec ce qui me reste. Note que cette conjonction ne résulte pas d'un débat clair que je mènerais avec moi-même. La vie est presque toujours plus rapide que la pensée, elle fait franchir des carrefours avant que l'on se soit rendu compte de leur existence. Je n'ai rien décanté des causes qui m'ont conduit à cette conséquence : que je suis un type fini, et pas malheureux. J'aurais pu découvrir cela bien avant, à vingt ans peut-être, mais que peut-on faire à vingt ans d'un constat pareil ? Finis, nous le sommes tous dès le commencement. Mais nous n'en prenons conscience qu'après avoir réalisé que nos buts particuliers nous bouchaient l'horizon. L'insatisfaction des désirs est une fenêtre ouverte sur l'illusion d'immortalité. On ne comprend cela qu'après avoir balancé l'espérance par cette fenêtre.

J'imagine comment tu dois recevoir ces pensées baroques dont je te donne un assez déchirant aperçu. Je ne cherche pas à te piquer au cœur, je déteste toutes les formes de la compassion : déchirant s'est glissé pour déchiré. Il fallait entendre que ma tête est devenue un grand bazar. Je rêve encore de quelque révélation cachée, l'or sous la crasse. Tu peux rire. A chacun son fanatisme. Le mien n'est dirigé que contre moi.

J'ai abandonné le désir de vivre avec rigueur. A mon insu, pourtant, il se dégage comme un dessein dans cette existence déclassée. Quelque chose en nous reste plus fort que nous. Une sorte de dimension impersonnelle. Ne voulant rien démontrer par ma vie, j'apporte malgré moi des arguments à ceux qui prétendent que l'homme est un loup social. Pourtant, loup, je le suis fort peu, sauf en prudence. Social, tu sais maintenant ce qu'il faut en penser. Quarante années de refus ont fait de moi une espèce de paria. Par chance, la société ne s'acharne pas contre les originaux. Au besoin, elle les utilise. D'où l'intérêt de donner à sa mauvaise humeur l'apparence d'un parti pris. On respecte les partis pris, il arrive même qu'on les redoute. Mais on n'aime guère les âmes blessées.

Il m'arrive de discuter de ces choses avec des quidams. La plupart s'en amusent. Mes raisons les intéressent moins que mon entêtement. Sale caractère, me dit l'un. Et l'autre : tu te mets en rogne sans savoir pourquoi. Ce dernier n'est pas bête. Il va peut-être à l'essentiel. Comme toi, il y a quelques années, lorsque tu contrais mes arguties d'un mouvement ironique des paupières. Pourtant, on ne peut pas s'en tenir là. Ma colère n'est pas exactement identique à une rage de dents. Elle ne me travaille pas sans raison. C'est ce que je me suis dit pendant longtemps. Puis j'ai fini par en douter. Possible que le plus réel en moi soit une force inutilisée, un acharnement non défini, une protestation sans objet. Mais quand cela serait, il faudrait quand même essayer de le penser d'une façon ou d'une autre.

Dans mon jeu, il y a les mêmes cartes que dans celui des autres. Pourquoi faut-il que la règle m'échappe ? Que je mise à contre-temps ? Les atouts, par exemple la forte somme d'argent que je porte sur moi, je ne sais comment les abattre. Ils sont comme des corps étrangers en surcharge. Je n'ose pas m'en séparer, on me prendrait pour plus fou que je feins de paraître. Etre riche et vivre ainsi ! dirait-on. Comme si la pauvreté avait un sens, dès lors que l'on peut manger à sa faim. Des choses aussi simples me paraissent horriblement difficiles à expliquer. Quant aux idées simples des autres – que l'argent est fait pour être dépensé, etc. – je n'en comprends pas un traître mot.

Plus une époque est mesquine, moins il y a de mérite à s'en prévaloir à ses dépens. Le courage manque toujours plus que les mots. Je n'accuse donc personne, je me contente de vivre silencieux et retranché. Inactif si possible. A quoi bon des projets ? Ils finiraient par se réaliser. N'étant pas un conquérant, je serais certainement embarrassé de mes victoires. Pour la même raison, les défaites n'ont pas de sens pour moi. Quand mes désirs sont impératifs au point de me gâcher l'instant qui passe, je m'arrange pour les briser. Sorte de désir aussi. Peut-être ce désir-là est-il l'ennemi à abattre, le mauvais cheval qui affole le reste du troupeau. Peut-être, au contraire, est-il la seule pulsion raisonnable. Qui le dira ?

Ce matin, une femme est venue me voir. Une voisine. Elle désirait savoir si je ne manquais de rien. Je l'ai invitée à s'asseoir, je lui ai servi du café et je l'ai regardée boire sans parler. Elle semblait un peu gênée, comme déconcertée par sa propre démarche. Je n'avais besoin de rien à ce moment-là, excepté de sa présence qui apportait vie et chaleur à mon intérieur. Elle est restée longtemps, disons une heure, à m'entretenir de petites choses. Je l'ai écoutée parler en l'approuvant de temps en temps d'un mouvement de tête. Elle doit avoir trente ans. Ses cheveux bruns étaient noués en chignon. La bouche mélancolique, le regard un peu égaré. Je ne la suppose pas heureuse. Ni malheureuse. Il semble qu'elle n'ait pas encore choisi. Elle finira sa vie sans pouvoir la juger, comme la plupart d'entre nous. Tandis qu'elle parlait, ses doigts trituraient l'ourlet de la nappe à demi décousu. Elle n'a pas osé me demander de le repriser. Je crois qu'elle reviendra demain ou plus tard.

Sa visite m'a fait du bien. Je ne supporte guère les hommes, mais j'aime les femmes. La vie n'est guère supportable sans elles. Avec elles, elle peut parfois devenir plus belle qu'elle ne l'est en réalité. C'est que les hommes n'aiment de la vie que ce qui tombe sous leur joug. Nous voulons tenir les choses au plus serré, les contraindre à notre poigne. Tyranneaux du réel, alors qu'il suffirait d'en être simplement les hôtes. Oui, j'ai l'âme tendre, le regard bleu parfois. Mais aussi, parfois, noir, très noir. Il me vient alors des idées définitives et cruelles. Je ne t'en parlerai pas.

Un jour, je ne me souviendrai plus de ce que je t'écris. Je n'ai pas de mémoire sauf celle, purement mécanique, qui m'empêche de demander la raison de sa présence à l'individu somnolent que j'aperçois le matin dans la glace. Ce visage-là, il arrive qu'il me fasse peur. C'est une image qui vient de loin, va savoir d'où. Stupide comme un reflet, infidèle comme une reproduction. Crois-tu que certains matins, je me rase devant le carreau de la fenêtre pour échapper à l'excessive précision de ses traits. Je préfère m'accommoder d'un fantôme, quitte à me couper les joues.

Depuis une heure, je ne tiens plus en place. Qu'est-ce qu'une heure ? La durée qui, par exemple, s'est écoulée depuis que j'ai posé le point de ma phrase précédente. Le temps s'immisce partout, entre les phrases, entre les mots, entre les pensées, entre les respirations, entre les silences... Quelle découverte, crois-tu ! Je fais mon miel de ce genre de naïvetés, car on a beau les savoir par cœur, si on y regarde de près, elles surprennent. Réfléchir à propos du temps est la pire des idioties. Il n'y a rien d'intelligent à en dire, hors les banalités d'usage. Alors, pourquoi la solitude dispose-t-elle à y penser ? Je regarde le ciel sans nuages et je me dis que le temps y cache bien son jeu. Ce vide bleu est son plus discret paravent.

Pendant une heure, j'ai été fébrile. Comment l'expliquer ? Je n'essayerai pas. C'était ainsi, oppressant sans être désagréable. Je me suis levé de ma chaise. J'ai marché dans la pièce. Lentement, puis de plus en plus vite. Quelque chose semblait peser contre moi à m'en faire perdre l'équilibre. J'ai fini par me rasseoir et tout s'est apaisé. J'ai savouré le silence autour de moi et cette sorte de présence de l'instant que je sentais palpable dans mes veines.

De l'exercice physique, je n'en manque pourtant pas. J'ai expérimenté depuis longtemps ce que l'on peut tirer du corps lorsqu'on se réconcilie avec ce judas. D'une certaine façon, l'esprit est plus retors : on y loge la volonté, mais c'est une illusion. En ce qui me concerne, je suis prêt à en abandonner la meilleure part au corps, capable de prouesses dans ses bons moments. C'est ainsi que, sans m'en rendre compte, il m'est arrivé de faire à pied trente kilomètres d'une traite. C'était un jour de vent, je rêvassais, j'avançais. Un peu plus tard, j'atteignis un village dont le nom ne me disait rien. Ce n'est qu'au retour que j'ai pu vérifier sur une carte le trajet parcouru. Les volontés du corps sont parfois impénétrables.

En observant ces villages endormis, livrés aux poules et au temps qui passe, je ressens un curieux pincement. Persévérer par habitude ou par routine, c'est une force. Comment n'en serais-je pas privé, moi qui ne sens l'évidence de rien ? Certains jours, je paie cher mon manque de simplicité. Vengeance de l'instinct. S'il suffisait de prendre les choses comme elles viennent ! Mais justement, les choses ne se présentent jamais par leur côté le plus domesticable. Je crois même qu'elles ressentent un malin plaisir à m'offrir leur face incompréhensible. Peut-être vaudrait-il mieux ne pas les regarder dans l'axe, ou carrément fermer les yeux, comme le font si naturellement la plupart des gens ?

La douceur de ne pas savoir... Il m'arrive d'envier la langueur d'une vie qui se fane lentement, à la manière de ces vieillards immémoriaux que l'on prétend sages parce qu'ils fument sous le soleil des pipes interminables, les yeux mi-clos, en attendant la mort. Mais il est probable que cette sagesse de carte postale me barbouillerait vite l'estomac. Le mot sagesse lui-même me ferait voir rouge s'il n'était, à l'occasion, une façon de mettre sur la porte un écriteau priant de ne pas déranger.

Je ne me souviens plus si je t'ai parlé de Myriam. Lorsque j'étais jeune et déjà marié, je me suis sauvé de mon domicile. J'y suis revenu quelques années plus tard. La maison avait été vendue. Je frappai à la porte, une inconnue m'ouvrit. Elle avait des cheveux blonds bouclés, une petite bouche rose ornementée d'un pli à la commissure, à droite. Je tentai d'expliquer qui j'étais, pourquoi je revenais. Elle m'écoutait en souriant. Je crois qu'elle me prit pour un vagabond. Elle m'offrit du café, des sandwichs et même un blouson appartenant à son mari. Je n'aurais pas dû accepter, mais cela me parut plus facile. Je remerciai et partis. Je revins plus tard. Il est un fait que nous nous sommes aimés tandis que le mari travaillait à la ferme voisine. Un jour, Myriam me proposa de partir ensemble. Je dis oui. Mais je ne me suis pas rendu au rendez-vous qu'elle m'avait fixé.

Je sais pourtant de l'amour tout ce qu'il faut en savoir. Je connais sa rapacité à vider le monde de toute passion au profit d'une seule possession. J'ai vu comment les actes qu'il inspire peuvent parfois ressembler à des attentats. J'ai expérimenté cette colonisation de l'être par une seule pensée, une seule image. J'ai même fini par comprendre que sa réalité était dans son irréalité même. Crois-tu que cela soit explicable ? Imagines-tu que cela soit vivable ?

Le bonheur n'est qu'une idée pour les types de mon espèce. Il leur manque l'énergie de l'inconscience et le dynamisme d'un certain aveuglement. Car le bonheur est d'abord dans la capacité à savoir oublier ce qui ne sert pas tes desseins. Tu ne t'étonneras pas de ma faible disposition à user de cette faculté-là. Rare que je ne découvre pas le ver dans le fruit, à l'instant où il vaudrait mieux regarder ailleurs.

Heureusement, je n'ai pas beaucoup de talent pour la souffrance, presque aussi peu que pour le bonheur. La souffrance exige une continuité d'âme, une persévérance dans la conscience malheureuse dont je suis vitalement incapable. Les longs sentiments m'ennuient. Rien de moins neuf que l'éternité. A peine vécu, un sentiment est tout vécu. Je me doute que tu prétendrais exactement le contraire en faisant valoir, non sans bon sens, que réalité et durée, c'est tout comme. Beau sujet qui nous mènerait loin. Laissons. Cette discontinuité dont je te parle est toute psychologique. Elle ne concerne du réel que la portion qui m'en est strictement impartie. Je l'appelle humeur, par facilité. (Probable que je ne m'explique que pour donner tort à ceux qui ne me donnent pas raison. Programme qui constitue la plus répandue des professions de foi. Chacun ne vit-il pas plus ou moins sournoisement contre autrui ?).

Lorsque je porte sur moi le regard que je te prête, je me devine un peu animal cerné, supputant déjà le coup de Jarnac qui mettra fin à sa liberté. Cette comparaison n'est guère flatteuse, mais tu me surprends en plein effort d'objectivité. Profites-en. Donc anxieux, vigilant, prêt à vendre chèrement ma peau à un ennemi qui m'est actuellement invisible. Le fait est que, si je reviens en moi-même, le paysage n'est plus du tout le même et mon rôle moins difficile à défendre. J'y vois là tout l'écart de soi à soi, le grand écart, le grand déchirement. Où est la vérité là-dedans ? Ecartelée comme nous-même. Irréelle comme nous-même.

Il faudrait trouver la force de refuser certaines pensées. Je dis force, car rien n'est faible comme l'esprit occupé de pensées encombrantes et ennuyeuses d'évidence. Se cabrer contre les idées que l'on rejette est le plus sûr moyen de les faire entrer à l'écurie. Il faudrait plutôt les circonvenir en douceur, mine de rien. Par ruse. Même par mensonge. En fait, je n'ai pas la religion de la vérité quand il s'agit d'esquiver une pensée maudite. Cette idée d'animal cerné est stupide. Du reste, probablement fausse, comme toutes celles qui visent à trop prouver.

Ne t'attends pas à un excès de nuances de ma part. Dans ces sortes d'idées qui concernent la vie et soi-même, il vaut mieux aller trop loin, quitte à battre ensuite en retraite. Par exemple, celui que je suis à l'heure où tu lis ces lignes s'est peut-être évanoui comme une image mal fixée. Et si Martinu frappait tout à coup à ta porte, sais-tu, est-ce que je sais moi-même qui, réellement, se présenterait devant toi ? Tu me prêterais nombre d'arrière-pensées sur la foi de ma lettre dont la plupart seraient en moi déjà cadavres. Je n'ai pas la volonté maligne de brouiller le jeu, ce poker menteur serait ridicule et sans gain. C'est plutôt par principe que j'avance l'hypothèse d'un retournement de mon être intérieur – aussi parce que je le sais possible, sinon imminent. Sens-tu comme ma liberté crie contre moi, comme elle s'agite ? Devines-tu ses convulsions ? Martinu arraché au sort peu plaisant qui fut le sien et emporté vers quelque rivage inconnu où il débarquera comme l'explorateur qui vient de naître ! Ricane, mon ami, ricane. Je suis le premier à rire de mes fichues lubies. Plaisanterie mise à part, il convient de se ménager ne serait-ce que la présomption d'une échappée future. Sinon quoi ?

Par la fenêtre, j'aperçois ma voisine qui se dirige vers ici. C'est une belle femme. Elle marche en souriant, et je sais que c'est moi qu'elle porte dans son sourire. Aujourd'hui, elle va recoudre l'ourlet de ma nappe. Demain, elle m'apportera un plat chaud, du café ou quelque autre chose qui me manque. Dans quelques instants, elle frappera à ma porte et me demandera si elle ne me dérange pas. Non, lui dirai-je, entrez, vous êtes la bienvenue. Trop aimable de vous préoccuper d'un type comme moi (bien entendu, je ne lui dirai rien de semblable !). Elle s'est arrêtée tout à coup comme si elle avait oublié quelque chose. Je crois qu'elle hésite, qu'elle s'interroge. Il ne manquerait plus qu'elle rebrousse chemin...

Elle a rebroussé chemin. Pourquoi la réalité suit-elle neuf fois sur dix la ligne la plus basse de l'imagination ? Tu as devant toi un incurable qui attend fébrilement que l'on découvre la molécule qui le guérira et qui s'entend annoncer, une fois de plus, que la dernière expérience a échoué...

Un philosophe ancien jurait qu'il n'existe aucune différence, sinon d'apparence, entre un précipice et un non-précipice. Sur ce point, ses disciples ne le suivaient pas. Beaucoup voyaient dans ce paradoxe dangereux une provocation destinée à les faire réfléchir sur l'inconsistance de l'Etre. Eh bien, ce philosophe est selon mon cœur.

Il semble avoir compris que les précipices ne sont pas là où les situent la plupart des gens. J'en parle comme quelqu'un pour qui le vertige est devenu un second état introspectif. Il fut une époque où je me mettais en garde contre tout, m'invitant à regarder où je posais les pieds. Puis j'ai fait confiance à mon instinct, c'est ce qui te vaut de m'avoir comme correspondant pas encore tout à fait posthume. J'ai découvert ainsi que l'instinct est le guide le plus sûr pour sortir de soi sans vraiment se quitter. Qui le renie se condamne à perdre contact avec la réalité – crois-en l'expérience d'un obstiné candidat à l'enlisement.

Avec les embarras que je m'oppose, il y a largement de quoi empoisonner une vie d'homme. Tel est le tribut payé par les invectiveurs solitaires et autres foudroyeurs de néant. La vérité est que je ne suis qu'un bavard infatué de questions qui le dépassent. Mais accorde-moi que je suis capable d'intuitions lorsqu'il s'agit de montrer du doigt les impasses qui transforment l'existence en couloir à rat.

Ma voisine revient. Elle tient à la main un nécessaire à couture. Un détail aussi infime (je veux parler de son retour) suffirait-il à renverser l'échafaudage d'idées noires que j'élevais il y a une minute ? Je ne sais pas ce que je peux en déduire de bon pour la fatalité. Le fatalisme est une croyance comme une autre. Les caractères sans volonté y réchauffent leur frigidité. Mieux vaut ne rien déduire de rien, ne rien ajouter, ne rien retrancher. A quoi bon placer des signes arithmétiques devant les faits de l'existence puisque, au total, la somme ne fera jamais plus que zéro ?

Je l'ai revue et nous nous sommes parlé. Voilà longtemps que je n'avais articulé autant de mots, j'en ai encore la bouche agacée. Si nous avons cru que le bavardage était le meilleur barrage à l'exaltation amoureuse, ce fut réussi. A peine si nous nous sommes serré la main. Un peu d'idylle ne me ferait pourtant pas de mal. Elle débriderait ce cœur enclavé au milieu d'organes indifférents. Je rêve à un élan beau et idiot comme au théâtre – quand il y en avait encore. Aujourd'hui, le spectacle a tourné court. Il ne cesse de s'éterniser à la recherche d'un épilogue qui ressemble à quelque chose. Mais le spectateur ne croit plus aux belles histoires ; il paie interminablement en petite monnaie le prix de son incrédulité. Distrait et ennuyé, veule comme jamais. Peut-être veule comme toujours.

Me voilà à ressasser mes vieilles rancunes. Si tu n'étais pas là, mon ami, mon seul camarade (d'ailleurs, es-tu là ?), je ressemblerais à un Jérémie goguenard vidant contre le ciel son chargeur d'invectives. Je crains qu'un tel rôle ne m'aille comme un gant. Finalement non, ce genre de dérision est trop pathétique, j'éclaterais de rire au milieu de la représentation.

Le pathétique est un fard. Je détesterais avoir le cœur et l'esprit barbouillés. Si je peux choisir, je les veux désengorgés, presque nus, un peu secs. La froideur est préférable à cette chaleur émolliente qui s'entretient elle-même et fait suinter par tous leurs pores les esprits exaltés. Quelle cause mérite que l'on se ridiculise ? La pitié, peut-être. Mais c'est justement la seule qui nous en préserve, non parce qu'elle est sublime, mais parce qu'elle est humaine. Mon idée est que l'humain n'est jamais ridicule, contrairement à l'homme, qui l'est souvent.

Je rêve peu. La nuit dernière, j'ai donné de grands coups de pied à un animal mort. Je me suis acharné contre un cadavre dont l'identification m'est indifférente maintenant que je suis éveillé. Les rêves ont leur fin en eux-mêmes, c'est une aberration de vouloir les annexer à nos pensées du jour. La clef des songes n'ouvre pas de porte. Voilà un constat qui pousserait au scandale car personne n'aime être déçu. On se leurre à tout interpréter. C'est ce grand délire d'interprétation qui empêche de saisir les choses pour ce qu'elles sont.

Mais pourquoi te démoraliser ? Je te connais assez pour savoir que tu fais partie de ces bons docteurs qui se penchent au chevet du monde malade pour tâcher de le rassurer. Moi, je préfère lui laisser filer son mauvais coton.

Il est possible que j'exagère le mal. Rien ne va au pire sans qu'on y ait soi-même contribué. Admettons que je me retienne de juger, il n'y a plus d'obstacle. Tout s'aplanit, tout devient gracieux et facile. Ce secret est vieux comme le monde et jeune comme lui. Chaque heure passée sans soupirer l'illustre. Mais c'est sûrement sa simplicité apparente qui le réserve à quelques sages revenus de tout. Eux savent ce qu'est le vrai relâchement – je ne dis pas détachement –, ils connaissent la meilleure façon de se décharger des bagages inutiles. Je l'imagine ainsi. Je le voudrais ainsi.

Je rabâche, je remâche, je lèche et relèche les mêmes pensées. La surprise vient de les voir résister. Je ne les croyais pas endurantes à ce point. Ce traitement semble les vivifier au lieu de les user. J'en parle comme si je ne les avais pas choisies, qu'elles avaient trouvé d'elles-mêmes leur terrain nourricier. Certains jours, il m'arrive de ne pas les reconnaître. Nous nous faisons face comme des étrangers, avec curiosité et méfiance, jusqu'à ce qu'un air d'intimité se dégage de l'une, entraînant rapidement l'identification des autres. Tout se tient dans nos obsessions ; c'est cet effet de masse qui fait leur puissance. Le remède : introduire subrepticement une pensée nouvelle parmi nos vieilles connaissances, le mouton noir perturbateur, la cellule destructrice, le virus meurtrier.

Je t'imagine parcourant cette lettre, mi-amusé, mi-agacé. Ne me demande pas où je veux en venir (je crois y avoir déjà répondu), ni si je ne me sens pas un peu honteux de gaspiller mon temps. Ma conception de la vie est bien plus bête : parle si tu ne sais pas te taire ; amuse-toi si tu ne sais pas utilement t'ennuyer.

Dans la maison que j'habite flotte une odeur d'événements passés. On imagine qu'un couple a vécu dans ces pièces sombres, difficilement, en serrant les dents. Rien ne laisse supposer que des enfants y ont grandi. L'homme ne devait jamais parler, et la femme peu. Elle faisait une cuisine lourde ; lui, travaillait comme un type qui ne sait pas faire autre chose. A cinquante ans, il est mort. Sa veuve a continué à mitonner des plats longs et compliqués qu'elle ne mangeait pas (elle devait les donner aux chats du voisinage, ils sont toujours affamés). Puis un jour, elle a laissé sa marmite sur le feu et elle est partie, personne n'a jamais su où. Voilà une version plausible que les murs, qui ont tout vu, ne démentent pas.

Evidemment, ici je tourne un peu sur moi-même. Je connais ton ordonnance : de l'action, n'importe laquelle ; du travail, n'importe lequel ; et moins de sommeil, qui empâte. D'abord, je dors rarement plus de six heures par nuit, avec de grands moments d'insomnie. Le travail, pourquoi pas, à l'occasion, bien que je ne fasse pas partie de ces gens que le désœuvrement inquiète comme une maladie mortelle. Alors quoi, agir, est-ce si libérateur ? Le jour où j'en serai convaincu, je m'activerai à quelque chose d'utile, dans mes compétences. (Ce n'est pas tellement restreindre le champ du possible, car j'apprends vite quand je veux.) Mais je n'estime pas que le caractère se forme par force, comme le prétendent les pédagogues (c'est même le fond commun de la plupart de leurs sauces).

J'ai donc décidé que je ferais du feu dans la cheminée, oiseaux ou pas (tu voulais de l'action !). J'ai entassé dans l'âtre du papier, du bois de cageot et j'ai allumé. Dix minutes plus tard, la moitié du village se pressait à mes fenêtres, ma belle voisine la plus émue. Il paraît que cette cheminée refoule. Celui qui l'a bâtie n'y connaissait pas grand-chose. D'ailleurs, le conduit est bouché depuis longtemps. Ces explications m'ont été données mouchoir à la main ; nous avons pleuré en groupe jusqu'à ce que la fumée soit dissipée. J'ai sorti des verres, ma voisine a apporté une bouteille et nous avons tous trinqué. On s'est étonné que je m'éclaire avec une lampe de camping. Il semble que l'on soit sur le point de m'adopter. Sans doute ne resterai-je plus longtemps ici. Mais je regretterai ma voisine.

Elle s'appelle Hélène. Quelqu'un a crié son nom, qu'elle est partie rejoindre de l'autre côté de la rue. En la regardant marcher, je me suis promis d'en faire ma maîtresse. Peut-être même de l'aimer. L'amour peut-il naître d'une décision ?

D'une façon générale, beaucoup de choses, et parmi les plus importantes, peuvent naître d'une décision. Mais lorsqu'on y regarde de près, quelle humiliation ! La volonté personnelle n'apparaît plus que comme le dernier gramme de la tonne ; certes, celui qui fait pencher le fléau. Quand même, dans l'idéal, on aurait préféré un rapport plus avantageux en faveur de cette belle chose romaine, le libre arbitre.

Je ne vois d'ailleurs pas pourquoi les sentiments ne bénéficieraient pas du coup d'envoi de la volonté, bien que la tradition ait déduit un peu vite passion de passif. Seul leur excès, effet d'entraînement et perte inconsciente de la juste sensation d'exister, fait songer à une pelote brutalement débobinée dans le vide : le bout tenu reste comme le dernier vestige de la débâcle ; on ne gagne rien à tirer dessus.

La volonté délibérée de tomber amoureux aurait l'avantage de rendre compréhensible cette monomanie simplificatrice qui réduit l'intelligence à des proportions subhumaines et pulvérise, en une fraction de seconde, les anxiétés de la métaphysique. Comme il est confortable d'être enchaîné à un seul petit anneau, au lieu de passer son temps à se demander si l'homme est libre ! Comment ne pas être tenté par cette forme noblissime de la niaiserie qui donne aux tourments une apparence plausible ? Mais il est vrai qu'à trop bien savoir pourquoi l'on aime, on n'aime déjà plus. Revanche de l'inconscient et preuve a contrario que l'inconscient existe. S'il n'existait pas, l'amour serait clairement impossible.

Tu excuseras les taches sombres qui maculent mon papier à lettres, j'ai encore un peu de suie sous les ongles. Pourtant, je suis briqué et luisant comme un mineur de fond qui sort de la douche. J'empeste le savon. Ainsi étais-je enfant, le dimanche, les cheveux humides d'eau de Cologne. A mon âge, j'ai du mal à croire que l'enfance vécue ne soit pas un rêve. Je suis retourné dans le village où j'avais passé mes premières années. Je ne l'ai pas reconnu. Quant à celui de ma mémoire, aucun géographe ne saurait le localiser. Vieil argument, rafraîchi à chaque génération et qui m'a toujours ému. Il ne faut pas croire aux Enfances rapportées par les adultes, elles sont aussi imaginaires que les pensées prêtées aux animaux par les humains.

Quant aux pensées prêtées par les humains aux autres humains, mieux vaut ne pas en parler. Il n'est que trop tentant de se faire une idée nette, et fausse, de cet agglomérat incertain de molécules que l'on nomme individu. L'être le plus fruste est déjà un tourbillon de contradictions inconciliables – que doit être une âme subtile, supérieurement agitée ? La littérature, dans son meilleur, nous en donne un aperçu. Et la vie, dans son meilleur, entrouvre une lucarne sur cet impossible.

Tel devrait être le dernier mot de la psychologie : impossible. Quand on a compris qu'il est illusoire de penser se faire comprendre, tout doit se pacifier en nous. Ma lettre te prouve que je ne connais pas encore la paix de la renonciation. Je m'acharne pour rien, je cours après ce douteux et chimérique exploit – me faire comprendre – comme un chat bondissant vers une proie inaccessible. Comme lui, je rêve qu'un seul bond réussi justifierait mes échecs antérieurs. Joueur, et mauvais calculateur, comme lui.

Pour moi-même non plus, je ne suis pas clair, mais qui, de lui-même, pourrait dire mieux ? La parole raisonneuse n'a jamais l'effet escompté : elle fixe les idées pour un instant, le temps de les rendre étrangères au sens profond que l'on souhaitait y mettre. Si je courais après l'exactitude, j'écrirais pour le panier.

Les hommes ne retiennent de vous que des signes ; il faut leur en donner pour leur argent.

Apprendre à vivre dans le secret de sa propre confusion en donnant à croire ce que l'on veut ou ce que l'on peut.

Ma voisine Hélène semble fixée à mon sujet. Elle trouve devant elle un homme farouche, fâché avec la vie matérielle, barricadé, mais en instance de céder à ses désirs. Ces choses-là ne se dissimulent pas. Elle a dû le comprendre ; sans doute en tire-t-elle une sorte de fierté. De la satisfaction de ce sentiment naîtra à son tour le besoin d'aller au bout d'une relation qu'elle sait sans avenir. N'est-ce pas ce que l'on nomme précisément une passion ?

L'amour, cher ami, est à tenter.

J'ai aussi pensé à l'ivresse, celle de l'alcool, qui n'est pas nécessairement l'ivrognerie. Après un ou deux verres, c'est un état assez doux. Je perds toute rancune. Sans doute connais-tu ces minutes sucrées, d'un grand calme. Mais il faut s'arrêter là et ne plus boire de la journée. Si tu n'as pas d'alcool, respire à fond jusqu'à t'étourdir. Par le regard aussi, tu peux vivre de tels moments aériens, à condition de poser librement les yeux sur le monde. Ces recettes du bonheur indulgent sont éventées depuis longtemps et d'autant plus dédaignées. Quand tu les auras éprouvées, tu n'y croiras pas, mais tu y reviendras. Tel est l'effet de la simplicité.

Simplicité... Les gens simples ne le sont que par défaut ; les idées simples, par simplification. En moi, je n'ai jamais rien pu trouver d'élémentaire et de stable. Pourtant, parfois, l'illusion violente d'immobilité. La saveur froide d'une sorte de fixité du réel. Que tirer de cela ? Je finirai par croire que tout est vrai.

Tu constateras que je m'accroche à des riens. Celui qui vit retiré et solitaire accommode à courte distance. Il ne voit pas loin – ce qui le rend vulnérable –, mais il sait observer et tirer profit des choses qui sont à son aplomb. Pour lui, le détail vaut le tout. Il puise dans l'infime l'énergie que d'autres chercheraient dans le grandiose. Si tu as réfléchi à la question du Réel, tu sais qu'il y a illusion à donner de la consistance à ce qui n'est, en définitive, que rapports entre des apparences. Et parmi elles, tiennent surtout le coup les plus modestes, les plus artisanales, pour tenter un vocabulaire de bricoleur. Voilà mon credo sur un point chaudement disputé depuis que les hommes consacrent une partie de leurs loisirs à se prendre la tête entre les mains.

Je passe ainsi de petites tentations en petites tentatives ; j'enchaîne, sans trop y accorder d'importance, des expériences ponctuelles qui ne m'apprennent pas grand-chose sur le monde, mais un peu sur moi. Elles sont parfois sources de pensées ou de sensations nouvelles. Elles m'ouvrent des perspectives qui, pour la plupart, se brouillent aussitôt – d'où une dose de frustration utile pour me maintenir en éveil. Un désir assouvi est comme un périscope bouché : l'insatisfaction seule maintient une longue vue sur les choses. S'appuyant sur ce principe, du reste connu, on finirait par considérer les psychanalystes comme des ennemis du genre humain. Ce qui serait très exagéré. Ce ne sont que des terrassiers s'acharnant à reboucher les trous qu'ils ont creusés.

Bien sûr, s'il fallait en parler, j'admettrais que le magma qui bout, jour et nuit, dans ce chaudron de sorcière, l'Inconscient, peut valoir le risque de quelques sondages. Ce qu'on y prélève obéit à la chimie des corps en fusion, qui durcissent au contact de l'air. Brutalement, la vie devient pierre... Idéal pour garnir une vitrine. Tu te doutes que je n'ai pas le goût des collections savantes. Je laisse aux épingleurs de papillons l'illusion de croire que la vie n'a pas d'autre fin que d'orner des planches et de tapisser des murs.

A un camarade de rencontre, j'ai dit un jour, sans vraiment y penser, que ma plus grande ambition serait d'atteindre la paresse définitive, celle qui délivre et repose de tout, principalement de la culpabilité. Comme il ne comprenait pas, je lui donnai l'exemple d'un type assis à ne rien faire, à une terrasse de café, devant un verre vide, en plein après-midi de semaine. Il me prouva que cet homme, au contraire, était en proie à une agitation cérébrale intense, que ses sens captaient deux cents sensations à la minute, que son imagination le promenait sans relâche d'un visage de passant à quelque tache sur le trottoir, etc. Il me cita Baudelaire. Il me cita encore je ne sais plus qui. Après un quart d'heure, je rendis les armes. J'en suis encore à me demander ce que j'ai voulu dire avec ma paresse définitive...

Si je tenais fermement le cordon de cette opinion, je n'aurais plus de main pour t'écrire. Le bavardage a aussi ses règles. Il y a même une espèce de tyrannie dans la façon sournoise qu'ont les idées de s'imposer à une tête aussi peu organisée que la mienne. C'est que je broie un grain trop maigre. Cela craque et ralentit tout. Dans l'idéal, il faudrait penser très vite pour ne pas donner aux idées le temps de s'installer. Voilà ce que serait un esprit libre. Rare.

Note que la liberté, à force d'être revendiquée par tous, n'est plus la preuve de rien. Je suis libre, disent-ils, avec l'air de vous jeter un défi. Je suis maître de mes actes et de mes paroles. Je fais ce que je veux, je pilote mon destin. Ainsi soit-il... Ce cocktail de caprice et d'arbitraire qu'ils nomment liberté, tu le trouves au fond de la plupart des verres. Même les pierres pourraient s'en prévaloir : danse échevelée et folle des particules élémentaires, etc. La vraie liberté, c'est une qualité de conscience hautaine et détachée. Singulière, évidemment. Diaphane, si l'on peut dire (je laisse ça aux poètes). Je l'ai connue grâce à quelques personnes que personne ne connaît. Des gens en retrait, qui avaient dépassé le stade où l'on ricane encore de l'aliénation générale. Car la vraie liberté est surtout par rapport à soi. On n'apprend jamais assez à se méfier des vertus visibles.

Une petite pluie s'est mise à tomber, grise. La lumière est de la couleur mal définie de ces buvards bon marché qu'on nous donnait à l'école et devant lesquels j'ai passé des heures de fascination morose, captivé par le pigment délavé du papier où semblaient se former des paysages de cailloux et des visages grêlés. Tu verras un trait de mon caractère dans le fait que je refusais d'échanger deux ou trois de ces buvards de pauvre contre un autre, très convoité, où s'étalait quelque réclame colorée. Déjà mauvais coucheur. Tête de bois. Je servais mal mes intérêts... Cette affaire de buvards n'est émouvante que parce qu'elle contient une sorte de parabole implicite. C'est ainsi que mes camarades prenaient la chose, et ils la prenaient mal. Mon obstination à refuser leur système de valeurs sentait l'anarchie. Dans un monde où un buvard de couleur vaut deux buvards de papier mâché, le refus de la spéculation équivaut à ériger une barricade.

J'ai allumé ma lampe. Le gaz émet un chuintement. Dehors, le crépitement de la pluie et du vent. Beau trio, un peu déséquilibré, dominé par des sifflantes. Dans cette maison, c'est surtout la musique qui me manque. J'ai possédé un transistor qui a fini par faire le bonheur d'un de mes compagnons de route, grand amateur de Webern.

Lorsque je me déplaçais, j'ai souvent rencontré des gens qui voyageaient sans but. Ces inconnus se reconnaissent facilement entre eux. Une façon étudiée de s'habiller et de porter son bagage, une manière désinvolte de consulter les horaires de trains ou de cars, un regard à la fois curieux et détaché qui semble dire : pourquoi ici plutôt qu'ailleurs ? Il y a beaucoup à apprendre quand on discute avec eux. Ils ont tout vu, mais à distance ; tout comparé, sans en tirer de système. Leur appréciation de la vie est sans lourdeur. Ils savent faire rire.

Ne pas s'attarder : beau principe de vie, combien difficile à mettre en application ! Tout est lourd en nous, jusqu'au besoin de légèreté. La frivolité, c'est autre chose – impardonnable. J'y vois un manque de curiosité et d'intérêt au monde, la forme veule de l'inconscience. Mais la légèreté, la vraie, celle qui n'ignore pas le poids des choses, ah ça !... Et certes, les êtres laconiques ont un charme supérieur aux autres. Ils sont à la fois moins saisissables et plus présents. Quelques minutes de tête-à-tête avec eux, c'est déjà une espèce d'éternité. Il vaut mieux ne pas abuser de ces rencontres : elles vous laissent plus seul qu'avant.

Si l'existence y mettait un peu du sien, on pourrait en faire vraiment quelque chose. Il est beau d'exister ; de respirer, de marcher, de regarder les femmes, de boire une bière mousseuse, d'écrire à un ami. Et il est même très beau de penser et de dire des bêtises, c'est aussi aller dans le sens de la vie. Pourtant, certains soirs, la tentation de décrocher... Belle, oui, aussi, comme un paradoxe réussi. Ce qui gâte le paysage ? Une amertume incompréhensible qui est au fond des consciences.

Optimisme, pessimisme ne sont que le dosage approximatif de cette quantité de fiel secret, très diversement réparti entre les individus. Dans sa généralité, l'homme en a à revendre. On peut dire qu'il sait s'y prendre pour tout empoisonner. En sa particularité, chacun sait à quoi s'en tenir. Je serais prêt à rapporter toute explication sur les actions humaines à cette frustration fondamentale si elle n'avait une ressemblance désagréable avec le péché originel. Bon, depuis ces hauteurs un peu asphyxiantes d'où je crois apercevoir une ride inquiète se creuser entre tes sourcils, je redécouvre avec un étonnement naïf que l'homme, décidément, se complaît à souffrir. Décidément. Eh bien, je crois que je ne m'y ferai jamais.

La souffrance est inadmissible, mais la tristesse, pourquoi pas ? Il y a des tristesses qui clarifient le cœur. Mais je ne donnerais pas cher d'un être privé de rire au moins une fois par jour. Les tristesses intenses vident l'âme comme un puits. Après, il faut refaire le plein.

Ceux qu'on appelle les "bons vivants" ne sont pas gais. On ne voit d'eux que la physiologie. Cette excitation d'organes, c'est de la mécanique. Et que dire des pitreries sorties de ces machines à s'esclaffer !

Si je devais choisir une qualité parmi toutes, j'opterais pour la délicatesse. Voilà une vertu réellement élitiste, délicieuse comme son nom l'indique, et rarissime. Elle ne s'enseigne pas. Dire de quelqu'un qu'il est délicat, c'est une sottise s'il l'est vraiment. Cela doit se savourer en silence.

Je pense à Hélène, ma voisine. A sa façon d'être présente devant moi sans s'imposer, mais prête à tout donner d'elle (me semble-t-il). Avant de la toucher, j'aimerais prolonger cet état d'incertitude où les mots sont à peine pensés et les gestes retenus. Il n'y a pas de plus fins moments dans l'amour, s'il y en a de plus excitants.

La nuit est tombée sans que je m'en aperçoive. Un peu de rouge dans le coin du ciel, et puis c'était fini. Et la pluie plus forte qui enveloppe la maison. Il y a des fuites dans la cheminée, de l'eau coule sur la cendre. Cendres et eau, titre suggestif pour un poème que je n'écrirai pas. Il faudrait rendre le trouble causé par le rapprochement de ces deux éléments qui se répugnent. Puretés séparées, mélange collant et fatal comme chair et terre. Et l'excitation masochiste que l'on ressent quand un filet de pluie vient s'engluer dans la poudre cendreuse...

Aimes-tu les chats ? Comment ne pas aimer ces êtres de grâce et d'indocile fainéantise ? J'entends parfois des déplacements furtifs au-dessus de ma tête ; le plancher des chambres de l'étage craque doucement. Des miaulements, le soir, très doux. La lueur de deux yeux brillants comme des lacs d'algues sous la lune. C'est une chatte qui joue la belle de nuit dans les greniers. Je ne l'ai pas encore vue au jour. On m'a dit qu'elle craignait la présence humaine. Qu'importe, elle et moi, nous nous partageons le silence et l'obscurité en bonne amitié, il y en a suffisamment pour deux.

As-tu remarqué comme le silence prend son temps pour s'épanouir ? C'est qu'il n'est pas naturel – et, de toute façon, rare. Il se gagne, il s'apprivoise. Il vient autant du dehors que du fond de nous-même. Cette sorte de silence dont je te parle peut s'arranger de certains bruits. Quant à l'amitié, elle est aussi fruit de multiples concessions. Elle peut s'arranger de quelques malentendus. Mais il faut de la lenteur et du temps. Dérision des amitiés spontanées et intempestives.

D'ailleurs, le temps que l'on nous dit compté s'abolit au sablier de la conscience quand les sensations sont fortes et les sentiments fondamentaux. La musique est un art de la durée. Oui, mais pas du temps. Comment l'expliquer ? Elle atteint ce point mystérieux de nous-même, qui n'existe peut-être pas vraiment, comme l'immortalité existe sans exister. C'est une hypothèse ou un postulat. Un mythe. Mais qui devient aussi réel que tout réel à partir du moment où l'on nourrit cette imagination en soi. Il n'y a pas de réalité élémentaire à quoi tout se jaugerait. Uniquement des réalités dérivées, déduites, agencées. Ainsi, la liberté de l'esprit est presque sans limites. Nous n'en abusons guère.

Ce que nous voyons du monde a l'épaisseur d'un profil. C'est découpé dans la masse, maigre, pauvre. Pourtant, l'essentiel y est. Celui qui ne sait pas tirer tout de presque rien ne tirerait rien de presque tout. Un coin de ciel vaut tout le ciel. Quand tu as bu un verre de vin comme il faut savoir le boire, tu peux te mettre à l'eau pour le restant de tes jours. Tu voyages, tu observes des paysages, des gens, des villes, des monuments, mais ce n'est que du décor. Pittoresque, exotique, amusant, inessentiel. Souvent, à la longue, ennuyeux. Une femme, c'est aussi bien que toutes les femmes, si tu vois en elle autre chose qu'une conquête : une femme.

Je campe sur cette position de repli et j'attends encore celui ou celle qui m'en délogera. Le risque n'est pas grand. Depuis cette redoute isolée, on suit comme de loin la fébrilité désordonnée des gens actifs. On prend la mesure de l'inconséquence de ses semblables qui font dans le même temps tout et son contraire, donnent la vie et la mort avec la même frénésie, construisent et détruisent avec le même appétit. On aimerait les calotter collectivement, leur tirer les oreilles, leur mettre un bonnet d'âne. Les prendre par où ils sont les plus saisissables : leur puérilité, leur incroyable inconscience de gosses émouvants et sadiques. Bah ! autant se gifler soi-même.

Le bonheur individuel, art de l'oubli, a un prix : il réclame un peu de lâcheté, un peu d'ingratitude, un peu d'hypocrisie, un peu de mauvaise foi, beaucoup d'égoïsme. Le bonheur des autres est toujours dégoûtant. Le sien propre, denrée rare, absout tout.

Je suis allé me chercher une couverture dans la chambre d'en haut. Il commence à faire froid ici, devant la table, à cause de cette grande cheminée ouverte aux courants d'air. L'idée de bonheur, que l'on prétend puissante, ne résiste pas au froid. Il suffit d'une nuit très sombre pour rendre la pensée du soleil audacieuse. Fragilité de l'esprit humain, cruellement mise en lumière par l'égarement qui frappe les prisonniers isolés dans un cachot. Le temps est, pour eux, aboli ; les détails du réel gommés ; seuls, le bruit de leurs propres organes et l'excitation fiévreuse de leurs propres pensées...

Ce n'est que dans l'abstrait que l'on peut se complaire à imaginer les retombées de conscience d'un lavage de cerveau. Etre, pendant une heure, comme la statue de Condillac s'éveillant à la sensation – tout odeur de rose. Chaque qualité sensible renferme un univers dans lequel nous ne pénétrerons jamais, encore que nous l'ouvrions à l'existence. Si j'étais une sonorité ou une couleur, que serais-je ?

Stupidité de la question. On s'empressera d'en rire, sauf à ne plus savoir où poser les pieds. Il y a des failles partout. La réalité est noire comme un four.

Cette nuit, je me réveillerai plusieurs fois pour écouter le vent s'époumoner. Le conduit de la cheminée ronflera, les tuiles du toit claqueront comme des castagnettes. La porte de la maison laissera fuser par rafales des sifflements courts. Et puis, vers le matin, la tempête se calmera. J'irai vérifier l'état des volets ; je regarderai le village se silhouetter dans une lumière brumeuse. J'imaginerai des corps endormis, des tic-tac d'horloges dans les cuisines, les soupirs affamés des animaux. Je penserai à Hélène, dans le clos tiède de ses draps. Peut-être sortirai-je dans la rue, le cœur battant, avec l'intention d'aller frapper à sa porte. Aurai-je cette audace ? Ce serait beau.

Jusqu'où aller avec autrui sans rompre le charme ? Sans fouler le respect que l'on doit et se doit ? Il s'agit bien de respect ! Mot malsonnant. Plutôt instinct de mesure, esprit de finesse : il en faut aussi dans les sentiments. Une parole plate, un geste vulgaire, et tout est gâché.

Tu m'as reproché un jour d'être bourré de scrupules comme une vieille tante anglaise. Du reste, il est possible que ce ne soit pas toi... Les scrupules sont parfois moins l'effet de la timidité que l'expression urticante d'un besoin de rationaliser ses sentiments. Cette raison se nourrit des intransigeances du cœur, qui ne s'accommode pas d'aimer ce qu'il méprise. Toujours, il veut être à niveau et que l'autre, aiguillonné, grimpe les marches de l'idéal sans faux-pas. Amour romantique et mythique, oui. En est-il d'autre, en dehors de l'amour-popote, de l'amour bourgeois ?

Cependant, je plains ceux qui s'étonnent naïvement d'être tombés dans un monde médiocre. Ils voudraient que la qualité soit reconnue, que la noblesse ne soit pas systématiquement marginalisée. Si j'étais conseiller de dieu, je lui soufflerais de laisser les choses en l'état. Bêtise et vulgarité ont leur nécessité secrète : elles concourent à donner du mordant à l'intelligence, jamais aussi saignante que lorsqu'elle coupe les têtes de l'hydre. La crapulerie est un gibier tentant pour les moralistes, ne les privons pas de l'occasion de se donner de l'exercice. Sans les petites saletés de l'âme humaine, dieu et ses saints feraient de la mauvaise graisse. Il faut bénir les salauds d'être ce qu'ils sont, peut-être n'ont-ils pas la meilleure part. Et puis, quel ennui, un monde propre comme la Suisse !

Cette crainte n'a pas beaucoup d'objet. Nos haines seront toujours suffisamment stimulées. Je te disais qu'il me fallait des ennemis ; j'espère que je saurai m'en trouver jusqu'à mon dernier souffle. S'il le faut, je les inventerai. Je ne veux pas partir en paix, comme le préconisait la religion du temps où elle existait. Pur folklore aujourd'hui, survivance subventionnée d'un passé aboli. Nous entrons dans des temps factices. Il faudrait réinventer l'homme des cavernes.

Comme le papillon de Tchouang-Tseu, nous passons notre existence à nous rêver sans décider qui, de soi ou de soi, est le rêveur. Il n'y a pas d'urgence à choisir. C'est le monde qui décide pour nous, amis et ennemis qui nous donnent identité. Nous sommes à côté de nous-mêmes, dans les paroles et les regards d'autrui. Bonne garantie d'équilibre, au fond. Rien ne serait plus dangereux que de réveiller en nous le somnambule.

Je repense à Hélène. Mon sentiment pour elle est à demi cultivé. La pure spontanéité serait désastreuse. Je crois à l'inclination tempérée par l'artifice. Ou l'inverse. L'essentiel est ce rapport entre la force de l'instinct, qui est plus que la libido, et le jeu de l'esprit, étriqué, qui est moins que le mouvement erratique et exaspéré de l'âme. Si l'on peut dominer cet attelage, hue dia !

Un moustique est venu se poser sur ma lampe. Dans un conte chinois, il cacherait l'essence d'un homme réincarné. Que penserait-il de sa métamorphose ? Evidemment vexé, furieux (d'où sa plainte lancinante). Pour le reste, n'étant pas Chinois, sinon à ma manière, je ne me sens pas de force à imaginer un tel univers mental.

Toujours le vent dehors. J'ai cru entendre un bruit derrière la porte. Pendant trente secondes, j'ai espéré que ce fût Hélène. Avec elle, j'aborderai une terre étrangère. Je n'ai pris que quelques relevés, le cœur humain n'est pas une île aisée à cartographier. Trop de glissements, trop de failles, une dérive perpétuelle vers on ne sait quel continent.

Il n'y a pas de livres ici, une petite papeterie seulement dans le village. Six ou sept volumes fripés en vitrine. On appelle cela romans. Ce sont généralement des histoires de sexe et de crimes. Ni assez bonnes, ni assez mauvaises pour retenir l'attention.

La mort et la sexualité, aussi l'argent, thèmes obligés pour les écrivains. La vie ? Non, plutôt ce qu'on en croit, ce qu'on en dit, réfracté par les mêmes miroirs galvaudés. A moins que la vie elle-même ne soit devenue un poncif.

Il ne faut pas croire aux livres, sauf à quelques-uns. La vérité ne s'y trouve pas, ou disséminée. Ici et là, au détour d'une phrase, entre deux mots, minuscule et tranchante comme du verre cassé. Beaucoup lire pour ramasser si peu, beaucoup vivre pour ne retenir dans le creux de sa paume qu'un éclat dérisoire qui s'éteindra avec le soleil.

Il me semblait bien que l'on avait frappé. Je suis allé ouvrir. Hélène. Mouillée et les cheveux en désordre. Tout de suite son regard dans le mien, sa main dans la mienne. Nous sommes restés sur le seuil, dans le vent, la pluie, la nuit. Frissonnants, immobiles. La faible lumière venue de l'intérieur semblait nous traverser de part en part. Je sentais son cœur battre au bout de ses doigts. La lune à ce moment-là, toute blanche. Les yeux d'Hélène. Son visage irréellement beau, décidé. Bientôt, sa poitrine contre la mienne, ses jambes contre les miennes. Nous nous sommes jetés dans la maison. La lampe de camping est tombée par terre. Nous sommes tombés dans sa lumière rasante, tandis que la pluie ruisselait de plus en plus belle dans la cheminée. Plus tard, dans la chambre du haut, encore incrédules, nous n'en finissions plus de nous étonner, comme si l'amour, toujours à recommencer pour prouver qu'il est vrai, était au fond tout à fait impossible.

A un certain moment, Hélène assoupie dans mes bras, j'ai fixé le plafond jaunâtre de la chambre. La peinture craquelée commençait à se détacher par plaques dans la pénombre. Ce laid morceau de décor m'est apparu soudain chargé d'émotion. Oui, ce morceau de plafond était beau pendant les quelques minutes où je le regardais en silence avec, contre ma joue, la respiration légère d'Hélène. La beauté est partout, insolite, illusoire ; encore n'est-ce que la grâce d'un instant.

*

Voilà plusieurs jours que je n'ai pas repris la plume. Je le fais avec la crainte scrupuleuse de quelqu'un qui doute de ressembler à son double de la veille. Change-t-on à ce point ? On change. De couleur d'esprit. D'humeur. C'est beaucoup et peu. Les pensées disposées autrement, selon un axe nouveau. Le monde lui-même, réorienté. Ce qui laissait indifférent et que l'on remarque – et l'inverse. On se durcit, on s'attendrit. On jette au feu, avec un fanatisme néophyte, des choses que l'on croit abominer. Ou bien l'on devient indulgent jusqu'à la bassesse. Tête-bêche dans nos opinions et nos goûts, comme les figures des cartes à jouer mais, au fond, toujours les mêmes à cœur, sous le vêtement.

Je vais quitter cette maison et Hélène. Je reprendrai la route. Passer de train en train, de taxi en autocar et beaucoup marcher. M'inventer des buts, cercler des étapes sur une carte, non. Je veux avancer, c'est tout. Entrer dans des villages et découvrir leur nom et ces détails éternels auxquels les touristes ne s'intéressent pas – les salles sombres des cafés et leurs joueurs de billard, les magasins et le bavardage des vendeuses, la salle de sports où résonnent les coups de sifflet et les cris, le garage qui sent la graisse, la poste où l'on commente les événements, la boutique de cycles qui organise des sorties dominicales pour les membres du club, tout ce qui fait le fond routinier des vies... Le plaisir équivoque de se mêler discrètement à ces brouhahas du quotidien, témoin plutôt qu'acteur, témoin insensible à lui-même et invisible aux autres. J'aurais pu choisir d'autres fuites pour échapper au malheur de trop penser à moi. Celle-ci me convient.

Mon cher ami, que sauver, sinon les apparences ? Tout n'étant qu'apparences, il n'y a rien à sauver. Juste un peu du bonheur présent d'exister sans peur ni douleur. Cela est à notre portée, je crois. Demain ou le jour suivant, je quitterai Hélène, comme j'ai quitté Myriam, comme j'ai quitté la femme qui faillit m'épouser. Comme je te quitte maintenant, discrètement, avec un peu de tristesse, mais guère. Nous passons une grande partie de notre vie à nous séparer, c'est la condition de notre liberté. Rien de plus décisif, rien de plus important. Il ne faut pas le gâcher.

ACHEVÉ D'IMPRIMER
EN SEPTEMBRE 1999
PAR L'IMPRIMERIE
DE LA MANUTENTION
A MAYENNE

Dépôt légal : 3e trimestre 1999